BEI GRIN MACHT SICH IHR WISSEN BEZAHLT

AF138460

- Wir veröffentlichen Ihre Hausarbeit,
  Bachelor- und Masterarbeit

- Ihr eigenes eBook und Buch -
  weltweit in allen wichtigen Shops

- Verdienen Sie an jedem Verkauf

Jetzt bei www.GRIN.com hochladen und kostenlos publizieren

Gesundheitspsychologische Modelle. Das Selbstthema und der berufliche Kontext

Selbstwirksamkeit, HAPA-Modell, Einstellung, Likert-Skala, Organisationskultur und -klima, Organisationsdiagnose

Gina Gorenz

Bibliografische Information der Deutschen Nationalbibliothek:

Die Deutsche Nationalbibliothek verzeichnet diese Publikation in der Deutschen Nationalbibliografie; detaillierte bibliografische Daten sind im Internet über http://dnb.d-nb.de abrufbar.

ISBN: 9783346878809
Dieses Buch ist auch als E-Book erhältlich.

Druck und Bindung: Books on Demand GmbH, Norderstedt Germany
Gedruckt auf säurefreiem Papier aus verantwortungsvollen Quellen

Das vorliegende Werk wurde sorgfältig erarbeitet. Dennoch übernehmen Autoren und Verlag für die Richtigkeit von Angaben, Hinweisen, Links und Ratschlägen sowie eventuelle Druckfehler keine Haftung.

Das Buch bei GRIN: https://www.grin.com/document/1358670

Einsendeaufgabe

Alternative B (Sonderprüfung)

Abgegeben am: 20. Juni 2020 im E-Campus der Hochschule
SRH Fernhochschule

Modul: Wirtschaftspsychologie
Studiengang: Wirtschaftspsychologie B. Sc.

von
Gina Gorenz
Studiengang: Wirtschaftspsychologie B. Sc.

Inhaltsverzeichnis

Abkürzungsverzeichnis

bspw.	beispielsweise
bzw.	beziehungsweise
engl.	englisch
et al.	et alii
EEG	Elektroenzephalografie
HAPA	Health Action Process Approach
IAT	Impliziter Assoziationstest
sog.	sogenannte
S.	Seite
SWE	Selbstwirksamkeitserwartung
u.v.m.	und vieles mehr
z. B.	zum Beispiel
vgl.	vergleiche

Abbildungsverzeichnis

1. Teilaufgabe B1

Der Bereich der Gesundheits- und Arbeitspsychologie ist eine Querschnittsdisziplin der Allgemeinen Psychologie und zugleich Teilgebiet der Angewandten Psychologie.[1] Wie in vielen anderen Wissenschaften werden auch in diesem Gebiet anhand von bewährten Modellen und Theorien bestimmte Prozesse oder Verhaltensmuster erklärt und vorhergesagt. Es kommen hier sog. gesundheitspsychologische Modelle als Erklärungsmodelle für Gesundheitsverhalten zum Einsatz, um entsprechendes Verhalten zu bestimmen, erklären und prognostizieren, aber auch um Folgerungen abzuleiten, die entscheidende Kriterien einer zielgerichteten Veränderung darstellen. Wird von gesundheitsrelevantem Verhalten gesprochen, so sind damit zwei explizite Aktionen gemeint, die miteinander korrelieren: das Ausführen und das Unterlassen. Dinge die sich gesundheitserhaltend und fördernd auf unseren Körper und Geist auswirken sollten verstärkt ausgeführt und praktiziert werden. Anders verhält es sich bei Verhalten, welches sich schädigend auf den Organismus auswirkt und die Gesunderhaltung gefährdet. [2]

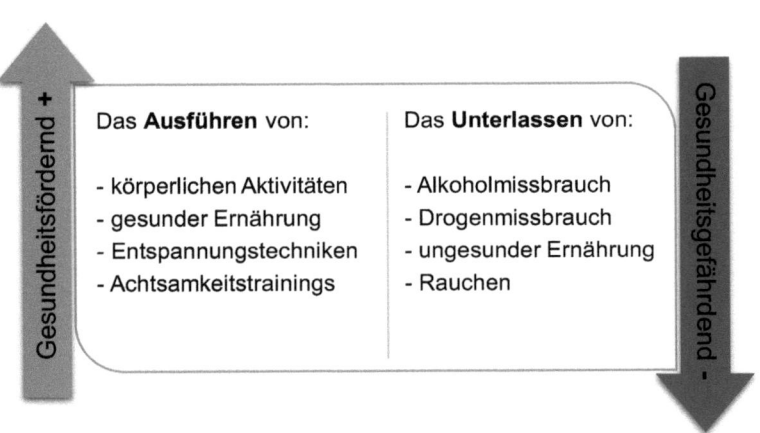

Abbildung 1: Gesundheitsfördernde und -gefährdende Handlungen
(Quelle: Eigene Darstellung in Anlehnung an Bareiß et al. 2013)

---

[1] Vgl. *Bareiß/Meister/Merk* (2013), S. 9.
[2] Vgl. *Bareiß et al.* (2013), S. 60.

Im Zuge der Forschung bestimmender Determinanten wurden in der Vergangenheit eine Anzahl unterschiedlicher Modelle entwickelt, welche grundlegend in drei Bereiche eingeteilt werden können:

1. **Motivationale Modelle**
2. **Volitionale Modelle**
3. **Stadien- bzw. Stufenmodelle**

Bei dem **motivationalen Modell** ist vor allem die Verhaltensvorhersage charakteristisch. Dabei geht es um die zeitliche Bestimmung, als auch um die im Fokus stehenden Variablen für die folgende gesundheitsbezogene Entscheidung. Eine Person bildet auf Grundlage eines für sie beeinflussenden Faktors eine Entscheidung, die sich dann folgend positiv oder negativ auf das Gesundheitsverhalten auswirkt. Jedoch konnte anhand dieses Modells in verschiedenen Versuchen nicht das ausgeführte Verhalten, sondern nur das beabsichtigte Verhalten (abhängige Variable) gemessen werden.[3]

Genau dieses Missverhältnis von Verhalten und Absicht ist die Basis **volitionaler (durch den Willen bestimmter) Modelle.** Hier geht es hauptsächlich um die Betrachtung der Bildung einer Absicht (Intention). Der Forschungszweck dieses Modells liegt hier in der Bestimmung der Faktoren, die für die aktive Umsetzung des Entschlusses verantwortlich sind und zudem das Andauern des Verhaltens über ein bestimmtes Zeitintervall gewährleisten.[4]

Das dritte Modell ist das **Stadien- bzw. Stufenmodell** und stellt das gegenwärtige aller vorhandenen Modelle dar. Es wird davon ausgegangen, dass die Veränderung über ein Durchlaufen verschiedener Stufen geschieht und damit eine genauere Verhaltensbeschreibung während dem Prozess möglich ist.[5] Zu den Stadienmodellen zählt nach Bandura (1986) auch das sozial-kognitive Prozessmodell des Gesundheitsverhaltens (auch: Health Action Process Approach; kurz HAPA). Nach seiner Auffassung wird das Gesundheitsverhalten einer Person maßgeblich geprägt durch die Selbstwirksamkeitserwartung (*perceived self-efficacy*) und die Handlungsergebniserwartungen (*outcome expectancies*). Analog dazu definiert Schwarzer (2004)

---

[3] Vgl. *Bareiß* et al. (2013), S. 60.
[4] Vgl. *Heckhausen* (1989)
[5] Vgl. *Prochaska/Di Clemente* (1983), S. 390-395.

Selbstwirksamkeitserwartung als „[…] subjektive Gewissheit, neue oder schwierige Anforderungssituationen aufgrund eigener Kompetenz bewältigen zu können. […]".[6] Die gewünschte Wirksamkeit und gleichzeitige Erwartung der angestrebten Handlung auf die Gesundheit werden als Handlungsergebnis verstanden. Allgemein lässt sich sagen, dass hoch gesetzte Ziele von Menschen mit einer hohen bzw. ausgeprägten Selbstwirksamkeitserwartung eher einen Anstoß zu einer Handlung finden und zudem resistenter gegen aufkommende Schwierigkeiten und Hürden sind. Die Zielverfolgung wird beharrlich trotz schwieriger Umstände nicht außer Acht gelassen und mit Enttäuschung konstruktiv umgegangen (Persistenz). Nach Bandura wird die Selbstwirksamkeitserwartung durch vier Quellen beeinflusst:[7]

- **Eigene Erfolgserlebnisse:**
  Bei der Bewältigung einer Aufgabe oder Handlung spielt der persönliche Wirksamkeitsglaube eine wichtige Rolle. Erfolge stärken ihn und Misserfolge schwächen ihn. Bei einem Erfolgserlebnis wird auch in Zukunft eine vergleichbare Situation für erfüllbar eingeordnet, da es den eigenen Fähigkeiten zugeschrieben wird und sich über eine Zeitspanne Fertigkeiten angeeignet werden konnten, die sich stärkend auf den eigenen Selbstglauben auswirken.

- **Stellvertretende Erfahrung:**
  Wenn soziale Vorbilder oder Personen mit Eigenschaften, die den eigenen ähneln eine Aufgabe meistern, dann stärkt das den eigenen Glauben dem gleich zu kommen.

- **Verbale Ermutigung:**
  Es kann sich positiv auf die Selbstwirksamkeitsüberzeugung auswirken, wenn man durch Außenstehende ermutigt und bestärkt wird einer Aufgabe gewachsen zu sein. [8]

---

[6] *Rehn* (2017), S. 78.
[7] Vgl. *Schüler et al.* (2020), S. 537.
[8] Vgl. *Fuchs* (2005), S. 28.

- **Emotionale Erregung:**

  Da Menschen häufig aus ihren Gefühlen, Launen und Stimmungen heraus agieren, könnte es vor allem in unbekannten Situationen vermehrt zu Körperreaktionen wie Schwitzen, Übelkeit oder Herzrasen kommen und als Zeichen eigener Schwäche gewertet werden. Daher gilt es Stress in jeder Form zu reduzieren, um Fehlinterpretationen der persönlichen Ressourcen zu vermeiden, denn eine positive Gemütslage wirkt sich auch günstig auf die Selbstwirksamkeit aus.[9]

Sowohl die Selbstwirksamkeits- und Handlungsergebniserwartung als auch äußere positiv oder negativ wirkende Faktoren sind maßgeblich für die Zielbildung in der sozial-kognitiven Theorie. Die Änderung des Verhaltens wird durch die Selbstwirksamkeitserwartung bestimmt und wurde schon durch diverse Studien z.B. Umgang mit Stress von Lazarus und Folkman (1987) oder Krankheiten von Bandura et al. (1988) als essenziell wirkender Faktor auf die Verhaltensänderung nachgewiesen. Auf Grundlage dessen lässt sich erkennen, dass die Selbstwirksamkeitserwartung ein entscheidender Bestandteil des HAPA-Modells ist.[10]

Das **HAPA-Modell** wurde einst durch Schwarzer entwickelt (1992) und umfasst in seinem Aufbau die Integrität bereits existierender Modelle zu einem Modell. Es vereint die für entscheidend erklärten Variablen und zeigt den stufenweisen Prozess bei der Analyse von Gesundheitsverhalten auf. Das Modell wird in seiner Struktur in zwei Phasen aufgeteilt: die präintentionale Motivationsphase und die postintentionale Volitionsphase.[11] Die motivationale Phase befasst sich mit der Intentionsbildung bzw. der Absicht warum eine Veränderung des Gesundheitsverhaltens angestrebt wird und stellt dabei einen elementaren Punkt dar.[12] Nach Ajzen (1991) ist Intention (Absicht) „die bewusste Entscheidung einer Person, ein bestimmtes Ergebnis zu erreichen oder ein bestimmtes

---

[9] Vgl. *Fuchs* (2005), S. 29.
[10] Vgl. *Schüler et al.* (2020), S. 537.
[11] Vgl. *Rehn* (2019), S. 96.
[12] Vgl. *Bareiß et al.* (2013), S. 63.

Verhalten zu zeigen. Ob ein Mensch sich letztendlich entsprechend verhält, hängt von der Stärke dieser Intention ab."[13]

Anm. der Red.: Diese Abb. wurde aus urheberrechtlichen Gründen entfernt.

Abbildung 2: HAPA-Modell nach Schwarzer (2008) übersetzt von Seibt
(Quelle: Bundeszentrale für gesundheitliche Aufklärung)

Beginnend in der Motivationsphase wird durch dreierlei Einfluss von Selbstwirksamkeitserwartung, Handlungsergebniserwartung und Risikowahrnehmung die Intention entwickelt.[14]

Der Ausgangspunkt der *Risikowahrnehmung* liegt in der persönlichen Einschätzung oder Wahrnehmung eines Risikos und der damit verbundenen Verwundbarkeit im Falle einer auftretenden Erkrankung und dem damit verbundenen Schweregrad (Vulnerabilität). Bei der *Handlungsergebniserwartung* sollten gewisse Voraussetzungen gegeben sein, damit eine Änderung des Verhaltens generiert werden kann. Auch die Berücksichtigung der erforderlichen Ressourcen, um ein gewünschtes Ergebnis herbei führen zu können bzw. eine empfundene Bedrohung abzuwenden. Jedes verändernde Verhalten beinhaltet Vor- und Nachteile, die dafür oder dagegen sprechen und werden als Alternativen abgeschätzt. Die *Selbstwirksamkeitserwartung* (nachfolgend SWE), welche als zentraler Aspekt gilt, umfasst den Glauben einer Person an ihre eigenen Fähigkeiten eine Veränderung aus eigener Kraft herbei führen zu können.

---

[13] *Schüler et al.* (2020), S. 535.
[14] Vgl. *Rehn* (2019), S. 96.

Anders als die Handlungsergebniserwartung und Risikowahrnehmung spielt die SWE über den gesamten Prozess eine wichtige Rolle. [15] Als Abschluss der ersten Phase bildet sich dann die Zielabsicht, dessen Stärke Aufschluss gibt wie wahrscheinlich eine Verhaltensänderung zu erwarten ist.

Die zweite Phase ist die Willens- oder Volitionsphase in der das Umsetzen der Absicht in gesundheitsbezogenes Handeln stattfindet. Hier wird nochmals unterschieden in handlungsbezogene Prozesse die vor (*präaktional*), während (*aktional*) und danach (*postaktional*) zusammenhängend nacheinander stattfinden.[16]

Zu der präaktionalen Phase gehört die Vorbereitung und Planung, wie die gewünschte Verhaltensänderung in Zukunft durchgeführt werden soll und unter welchen Bedingungen. Auch hier spielt für die Ausgestaltung eines Handlungsplans die SWE eine wichtige Rolle, um eine nahezu automatische Reaktion auf Situationen zu generieren und persönliche Ressourcen sinnvoll einzusetzen. Durch eine detaillierte Planung lässt sich ableiten ob es zu einer andauernden Veränderung kommt oder nicht. Folgend wird dann in der aktionalen Phase das gezielte Verhalten ausgeführt und beibehalten. Damit die Handlung ununterbrochen verlaufen kann und die Aufmerksamkeit stets darauf gerichtet ist kommt es zu einer fortwährenden Handlungskontrolle und ist solange notwendig, bis sich eine Routine eingestellt hat. Daher sind auch hier Selbstwirksamkeitserfahrungen bedeutend, um die damit verbundenen Anstrengungen im Umgang mit Hürden positiv zu beeinflussen.[17] Danach und abschließend erfolgen in der postaktionalen Phase Handlungsbewertungen und Erklärungsursachen von Erfolgen und Misserfolgen. Wie Erfolge oder Misserfolge für das Gesundheitsverhalten interpretiert werden ist ausschlaggeben vom Ausgang der Beurteilung. Wurde ein Erfolg verzeichnet, der auf den persönlichen Fähigkeiten beruht, bestärkt es die SWE und fördert die Willensstärke. Entgegengesetzt verhält es sich bei Misserfolgen. Wird er durch äußere Interventionen begründet und nicht eigenem Misslingen zugeschrieben, kann es motivierend wirken indem es die subjektive Kompetenzerwartung steigert und weiter Versuche begünstigen. Personen, die Erfolg oder Misserfolg

---

[15] Vgl. *Bareiß et al.* (2013), S. 63-64.
[16] Vgl. *Rehn* (2019), S. 97.
[17] Vgl. *Bareiß et al.* (2013), S. 64.

dem Schicksal zuschreiben werden diese kaum der eigenen Kompetenz zuordnen und damit auch keine Entwicklung der SWE erzeugen.[18]

Zur besseren Veranschaulichung wird das HAPA-Modell hier am Beispiel der Raucherentwöhnung erläutert: Herr Meier ist 45 Jahre alt, verheiratet und Vater von 2 Kindern. Er raucht seit seinem 20. Lebensjahr. Eines Abends sitzt Herr Meier mit seinem Tablet auf der Couch und stöbert durch das Internet. Plötzlich wird seine Aufmerksamkeit auf ein Video von YouTube mit dem Namen „Nikotin: Todbringender Rauch - Welt der Wunder" gelenkt. Nachdem er das fast sieben-minütige Video angesehen hat, realisiert er welcher Gefahr er sich bereits seit 25 Jahren aussetzt und macht sich große Sorgen um seine Gesundheit. Da sein Vater bereits vorbelastet ist und an Lungenkrebs erkrankte, fasst Herr Meier den Entschluss zu Liebe seiner Familie und eigenen Gesundheit mit dem Rauchen aufzuhören (Risikowahrnehmung). Er erhofft sich dadurch vitaler und fitter zu werden und das Risiko ebenfalls an Lungenkrebs zu erkranken zu minimieren. Auch die aufkommenden Entzugserscheinungen wie starkes Schwitzen, Appetitsteigerung oder Schlafstörungen halten ihn nicht davon ab das Rauchen zu unterlassen (Handlungsergebniserwartung). Er ist überzeugt davon in der Lage zu sein eine langfristige Verhaltensänderung umzusetzen zu können und aufrecht zu erhalten (SWE). Er erzählt seiner Frau davon und möchte heute noch beginnen seine Intention in die Tat umzusetzen. Er wirft seine letzten Zigaretten in den Müll, bittet Freunde und Kollegen ihm künftig keine Zigaretten mehr anzubieten und möchte erst einmal Situationen meiden, in denen er vermehrt geraucht hat (Handlungsplanung).

Herr Meier ist nun bereits seit zwei Woche rauchfrei. Wenn er in eine verlockende Situation gerät (bei Stress) motiviert er sich mit Durchhalteparolen wie (z.B. „Das haben schon ganz andere geschafft – das schaffe ich auch!"). Nachdem er in den ersten Nächten heftige Entzugserscheinungen zeigte, merkt er nun schon eine deutliche Besserung seiner Atmung, da sich nachweislich bereits nach 2 Wochen die Lungenfähigkeit verbessert (Handlungsausführung). Nach 4 Wochen ohne Zigarette hat er das Gefühl, nicht zu rauchen, als neue Gewohnheit entwickelt zu haben. Er fühlt sich viel besser, konnte weitere positive Veränderung feststellen und ist stolz seinen Wunsch in die Tat umgesetzt zu haben (Erfolg).

---

[18] Vgl. *Rehn* (2019), S. 99.

2. Teilaufgabe B2

Die Geschichte des Fahrrads reicht zurück bis zur Entwicklung des Laufrades (Draisine) im Jahr 1817 durch Karl Drais und blickt nunmehr auf eine über 200 Jahre alte Historie bis zum heutigen E-Bike/Pedelec (**Ped**al **Elec**tric Cycle).[19] Laut der zuletzt veröffentlichten SINUS-Studie vom 30. September 2019, gefördert durch das Bundesministerium für Verkehr und digitale Infrastruktur, wurde anhand von einer Online-Umfrage untersucht, welcher Fahrradtyp vorzugsweise von Personen gekauft wird bzw. deren Kaufbereitschaft. Die Statistik zeigt deutlich, dass der Trend in Richtung eines elektronisch unterstützten Fahrrads (E-Bike) geht und fast die Hälfte der Befragten ein E-Bike dem herkömmlichen Fahrrad vorziehen.

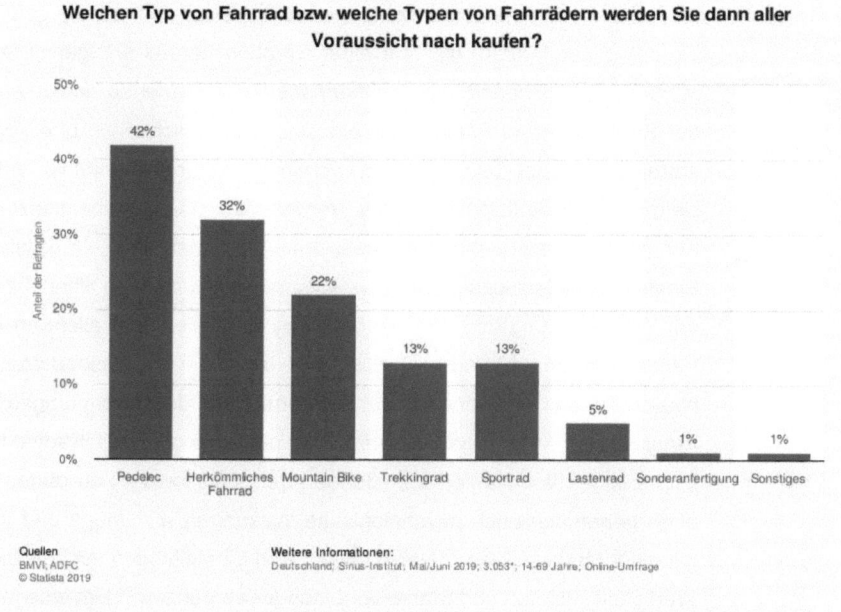

Abbildung 3: Prognose zur Kaufentwicklung von Fahrradtypen (2019)
(Quelle: Statista)

---

[19] *Das Erste* (2017)

Anlehnend an diese Ergebnisse stellt sich nun also die Frage, wie die Kaufbereitschaft allgemein gemessen werden kann.

Dies geschieht vor allem über **Einstellungen**, die eine große Rolle der Wahrnehmung der eigenen Umwelt spielen. Allgemein wird die Einstellung definiert „als eine Gesamtbewertung eines Objekts, die auf kognitiven, affektiven und verhaltensbezogenen Informationen beruht."[20] Dies spiegelt sich auch in der Drei-Komponenten-Theorie (Multikomponentenmodell) der Einstellungen wieder, die im Grundaufbau die Struktur des erweiterten methodologischen Grundschemas aufweist. Im Grunde wird darüber entschieden, ob einem Reizobjekt (Stimulus) ein zustimmendes oder abwertendes Werteurteil oder einer Person Sympathie oder Ablehnung entgegengebracht wird. Dabei bildet das Reizobjekt die unabhängige Variable, die affektiven, kognitiven und konativen Merkmale die intervenierenden Variablen und die entsprechende Reaktion, Antwort oder das Verhalten die abhängige Variable.[21] Unter affektiven Merkmalen (engl. *affective component of attitude*) werden die gefühlsbetonten Elemente verstanden, die aus einer Emotion heraus erfolgen. Die kognitiven Merkmale (engl. *cognitive component of attitude*) beziehen sich erkenntnismäßig auf Erlebnisse und Fähigkeiten einzelner Persönlichkeiten und konative bzw. antreibende (engl. *behavioral component of attitude*) Merkmale verkörpern die Neigung und Antizipation eines Verhaltens.[22] Das Zusammenspiel dreierlei Komponenten soll anhand theoretischer Annahmen über die Entstehung einer Einstellung Aufschluss geben bzw. im späteren Nutzen ein hilfreiches Werkzeug der Werbewirkung und des Werbeerfolgs darstellen. Vor allem im Bereich der Verkaufsförderung und Vermarktung ist es von besonderem Interesse hinsichtlich des Absatzes, Umsatzsteigerung und der Verbreitungsdichte. Durch **Einstellungsmessungen** können Rückschlüsse auf das Kaufverhalten bzw. Vorhersagen von Kaufentscheidungen getroffen werden, zu denen neben den oben genannten auch psychologische Wirkungen wie Image und Identifikation mit einer Marke zählen.[23] Dabei lassen sich Einstellungen auch hinsichtlich ihrer Wertigkeit (Valenz) und Stärke voneinander abgrenzen.[24] Um eine Messung von Einstellungen exakt vornehmen zu können muss zunächst zwischen expliziten

---

[20] *Maio/Haddock* (2010), S. 4.
[21] Vgl. *Foscht/Swoboda/Schramm-Klein* (2015), S. 71.
[22] Vgl. *Foscht et al.* (2015), S. 71–72.
[23] Vgl. *Merk/Meister/Thunsdorf* (2015), S. 27.
[24] Vgl. *Jonas/Stroebe/Hewstone* (2014), S. 199.

und impliziten Einstellungsmaßen unterschieden werden. Die expliziten Einstellungsmaße (engl. *explicit measures of attitude*) sind jene, die bewusst und mit Worten zum Ausdruck gebracht werden können und eine aktive Aufmerksamkeit der Testpersonen verlangen, da sie willentlich ihre Einstellung zu einer Sache äußern. Genau entgegen verhält es sich im Bereich der impliziten Einstellungsmaße (engl. *implicit measures of attitude*). Dies sind Einstellungsmaße, die automatisch und unbewusst geäußert werden und die keine direkte Aufmerksamkeit erfordern. Eine Messung findet hier statt ohne eine aktive wörtliche Äußerung und spiegelt die spontan beurteilende Assoziation auf ein Stimulusobjekt.[25]

Nach Felser (2015) gibt es eine Vielzahl verschiedener Erhebungsmethoden mit denen Konsumentenverhalten gemessen werden kann bei denen jeweils in unterschiedliche Variablen wie Aufmerksamkeit, Gedächtnis, Informationsverarbeitung, Produkthandhabung, Einstellungen und Qualität einer Werbevorlage unterteilt wird.[26] Nicht jede Messmethode zielt auch auf die identischen Variablen ab, die damit gemessen werden können. Somit ist die geeignete Messmethode für ein bestimmtes Messobjekt nach verschiedenen Kriterien auszuwählen, die dann auch die gewünschten Variablen zur weiteren Auswertung der Ergebnisse beinhalten. So werden Testpersonen für eine explizite Einstellungsmessung angehalten über ihre Einstellung nachzudenken und anschließend offen darüber zu sprechen und Testpersonen einer impliziten Einstellungsmessung merken zunächst gar nicht, dass ihre Einstellungen gemessen werden, ohne das sie sich direkt äußern.[27] Es gibt eine Vielzahl von Erhebungsmethoden, die insbesondere die Messung der Einstellung betrachten. Hierunter zählen z.B.: Blickbewegungen (Eye-Tracking), Verbalprotokolle, projektive Tests, Pupillenreaktion, Hautwiderstand, Reaktionszeiten, Befragungen, semantisches Differenzial und Fragebögen (Likert-Skala) uvm.[28]

Im Bereich der expliziten Einstellungen, gibt es Messmethoden wie bspw. Likert-Skalen und das semantische Differential. Darüber hinaus ist zu erwähnen, dass die Mehrheit von Einstellungsmaßen explizite Anzeiger (Indikatoren) sind.

---

[25] Vgl. *Jonas et al.* (2014), S. 213.
[26] Vgl. *Felser* (2015), S. 420–421.
[27] Vgl. *Jonas et al.* (2014), S. 212-213.
[28] Vgl. *Merk et al.* (2015), S. 27.

Die **Likert-Skala** (Bewertungsskala) wurde nach dem gleichnamigen amerikanischen Wissenschaftler Rensis Likert benannt und erstmals im Jahr 1932 eingeführt. Dabei ist der grundlegende Aufbau der Skala immer eine geschlossene Frage, bspw. zur Mitarbeiterzufriedenheit oder Meinungen zu einem neuen Produkt, dass mit Hilfe vorgegebener Antworten die Bandbreite der Einstellungen aufzeigen soll. Dies wird erreicht durch Antwortmöglichkeiten bzw. verschiedene Stufen:

1) Trifft eindeutig zu
2) Trifft zu
3) Weder noch
4) Trifft nicht zu
5) Trifft eindeutig nicht zu

Jeder Antwort (1-5) wird dann ein gleichwertiger Zahlenwert zugeordnet, der in Summe einen Testwert ergibt, der Aufschluss über die tatsächliche Einstellung gibt. Allgemein wird ein hoher Wert einer positiven Einstellung zugeordnet und einem niedrigen Wert eine negative Einstellung.[29]

Das **semantische Differential** wurde 1952 von Osgood entwickelt und ist die bekannteste Methode, um mehrere Einstellungsobjekte gleichzeitig mittels einer gemeinsamen meist siebenstufigen Skala zu messen. Durch Gegensatzpaare wie bspw.: ‚schwach – stark, beweglich – starr oder günstig – teuer etc.' sollen die Objekte untersucht und eingeordnet bzw. die entsprechenden Vorstellungen der Befragten analysiert werden. Durch anschließendes verbinden von einzelnen Bewertungen entsteht ein sog. Polaritätsprofil, durch das wiederum ein Mittelwert berechnet und ausgewertet werden kann. Dabei erstrecken sich die Dimensionen des semantischen Raums über drei Bereiche: Aktivierung, Bewertung und Potenz.[30]

Im Bereich der impliziten Einstellungen können Erhebungsmethoden wie der computergestützte implizite Assoziationstest (IAT) nach Greenwald, McGhee und Schwartz (1998) angewandt werden. Die Aufgabe der Befragten liegt hierin eine Paarung von Begriffen und jeweiligen Bewertungen (positiv oder negativ) mittels Tasteneingabe in kürzester Zeit durchzuführen. Dabei gibt die Geschwindigkeit der Auswahl Aufschluss über die implizite Einstellung bzw.

---

[29] Vgl. *Jonas et al.* (2014), S. 213-214.
[30] Vgl. *Jonas et al.* (2014), S. 214.; *Merk et al.* (2015), S. 33.; *Felser* (2015), S. 429.

Stärke der Assoziation, da innerhalb eines Zeitfensters so viele Zuordnungen wie möglich zu schaffen sind.[31] Daneben gibt es aber auch noch Maße, die sich den reinen Körperreaktionen widmen, sog. **physiologische Maße** wie Pupillenreaktion und Hautwiderstand. Sie bieten ein Bild an Informationen das weder steuer- noch beeinflussbar ist und damit verhältnismäßig unverfälschte Ergebnisse aufzeigt. Auch apparativ-unterstützende Messungen wie Elektroenzephalografie (EEG) können hier zusätzliche Informationen liefern, wenn es um die Aktivität einzelner Hirnregionen auf Stimuli geht.[32]

Es gibt eine Vielzahl von expliziten und impliziten Einstellungsmaßen mit deren Hilfe Werbe- bzw. Einstellungsforschungen durchgeführt werden können.

Im vorliegenden Beispiel zur Kaufbereitschaft von E-Bikes im Vergleich zu herkömmlichen Fahrrädern lässt sich zusammenfassend sagen, dass jedes Erhebungsverfahren sowohl Vor- als auch Nachteile bietet. Es gibt keine reine Methode, die sich ausschließlich mit der Variablen ‚Einstellungen' analysieren lässt, sondern eher einer ‚Variablen-Mischung' gleicht. Die Likert-Skala ist eine häufig genutzte und gängige Option, jedoch auch hier an methodische Bedingungen geknüpft, die es unbedingt einzuhalten gilt, da Ergebnisse sonst verfälscht werden können. Auch muss hier die „Tendenz zur Mitte" berücksichtigt werden.[33] Zudem bietet das semantische Differential die Möglichkeit, das herkömmliche Fahrrad mit dem Pedelec in einen direkten Vergleich zu setzen. Die Auswahl der geeigneten Methode steht im Verhältnis zur Forschungsfrage, die genau überprüft werden soll, denn daraus resultierend kann dann eine differenzierte Entscheidung der gewählten Methodik getroffen werden.

---

[31] Vgl. *Jonas et al.* (2014), S. 216-217.; *Naderer/Matthes* (2015).
[32] Vgl. *Naderer/Matthes* (2015); *Felser* (2015), S. 427 -429.
[33] Vgl. *Merk et al.* (2015), S. 36.

3. Teilaufgabe B3

Der Kern der Arbeits- und Organisationspsychologie setzt sich zusammen aus der Wechselwirkung von Erleben und Verhalten von Personen in Organisationen und deren Bedingungen. Dabei ist der Inhalt dieses Forschungsbereich ein Gebilde aus Arbeits- und Organisationsanpassung an den Menschen und die Anpassung des Menschen an die Arbeit und Organisation selbst. Mittels verschiedener Maßnahmen wie bspw. der Persönlichkeitsförderung, Arbeitsschutz, Organisationsführung- und Kommunikation sowie Aus- und Weiterbildungen und anderer Möglichkeiten der Personalentwicklung soll vor allem auch die Optimierung des Zusammenspiels aus Individuum, Arbeit und Organisation herbeigeführt werden.

Der Begriff *Organisation* spielt daher eine ganz zentrale Rolle. Je nachdem ob der Begriff instrumental, funktional oder institutionell verstanden wird, ergeben sich verschiedene Definitionen, weshalb eine eindeutige Definierung nicht gelingen kann. Allen gemeinsam ist aber, dass Organisationen:

1. soziale Gebilde sind,
2. die dauerhaft Ziele verfolgen,
3. eine formale Struktur besitzen,
4. welche dazu dient Mitgliederaktivitäten auf gemeinsame Ziele auszurichten
5. mit Hilfe von Strukturen und Merkmalen

Durch das weitgefasste Verständnisspektrum gehören zu den Organisationen auch Produktions- und Dienstleisterunternehmen, sowie Behörden, Krankenhäuser, Schulen, Universitäten, Vereine u.v.m.[34] Als Kernelement der Gesellschaft hat das Funktionieren von Organisationen eine unmittelbare Wirkung auf das Leben aller. Für einen reibungslosen Ablauf sorgen aber nicht nur funktionierende Maschinen und eine gute Kalkulation, sondern vielmehr die Akteure innerhalb einer Organisation. Dieselben grundlegenden Werte, Ansichten und Ethiken bilden den Ausgangspunkt einer harmonischen, effektiven und anerkennenden Arbeit sowohl im Team als auch die Identifikation mit dem

---

[34] Vgl. *Bareiß et al.* (2013), S. 59.

Unternehmen selbst. Damit rücken zwei Begriffe in den Vordergrund, die sich genau damit befassen: **Organisationskultur und Organisationsklima**.[35]

Auch wenn die Organisationskultur meist unbewusst aufgenommen wird so wirkt sie hauptsächlich im Inneren eines Unternehmens und beeinflusst das Verhalten der Organisationsmitglieder durch geltende Regeln, Normen und Werte. Diese wiederrum sind wichtig für das Erreichen der Unternehmensziele und stehen damit in Korrelation zueinander. Jedoch wirkt die Organisationskultur auch begrenzt nach außen bspw., wenn es um die wahrgenommene Wirkung des Images einer Marke auf ihre potenziellen Mitarbeiter bzw. Kunden geht. Ein bekanntes Modell hierzu stammt von Schein (1995). Er ist der Auffassung, dass sich anhand von Artefakten (ist die Bürotür geöffnet oder geschlossen), Annahmen und Werten (wird auf entsprechenden Schutz geachtet) erkennen lässt ob und wie ein Unternehmen funktioniert. Insbesondere die Annahmen werden hier in vier Bereiche nach Nerdinger (2014) unterteilt:

1. Beziehung zur Umwelt
2. Natur der Wirklichkeit
3. Natur der menschlichen Tätigkeit
4. Natur der menschlichen Beziehungen[36]

Die Kultur einer Organisation kann nicht kurzfristig geändert werden und es gilt sie stetig weiterzuentwickeln und aktuellen Gegebenheiten anzupassen.

Betrachtet man neben der Organisationskultur nun das Organisationsklima suggeriert der Begriff „Klima" zunächst eine meteorologische Wetterlage, die längerfristig in einer Region vorherrscht. Im wirtschaftlichen Kontext stellt die innere Umwelt einer Organisation diese Region dar. Allgemein beschreibt das Organisationsklima die Umgangsformen, den Aktivierungsgrad der Mitglieder und die allgemein empfundene Stimmung in der Organisation. Der Ursprung liegt laut Nerdinger dabei in der Feldtheorie nach Kurt Lewin, der es selbst als Verflechtung aus menschlichem Erleben und Verhalten und der Interaktion von Person und Situation versteht.[37] Es beeinflusst über einen bestimmten Zeitraum andauernd vor allem die Zufriedenheit, Verhalten und Erleben der Beschäftigten

---

[35] Vgl. *Fichter* (2018), S. 163 – 164.
[36] Vgl. *Fichter* (2018), S. 164 – 165.
[37] Vgl. *Nerdinger/Blickle/Schaper* (2019), S. 164.

und ist abhängig von Faktoren wie der Organisationskultur, dem äußeren Wettbewerb, dem inneren Konkurrenzverhalten, den Persönlichkeiten der Geschäftsführung sowie dem Geschäftserfolg. Verglichen mit dem Organisationsklima, welches eher evident in Erscheinung tritt, ist die Organisationskultur zumeist latent vorhanden und manifestiert sich dauerhaft. Die Gestaltung und Messung des Organisationsklimas hingegen kann leichter erfolgen und wird zudem bewusst wahrgenommen.[38] So verbindete der schwedische Forscher Ekvall (1990, 1996) bestehende Literatur mit eigener Forschung, um Merkmale des Klimas zu erkennen. Nach seiner Auffassung kann man das Klima sowohl als beeinflussende und beeinflusste Variable im Organisationsablauf ansehen. Somit hätten sämtliche Fähigkeiten und Wissen einzelner Organisationsmitglieder und anderer Ressourcen wie Gebäude, Patente und Maschinen auch direkte Auswirkungen auf die Ausgestaltung sowie die produktive Leistung des Organisationsklimas. Das beinhaltet bspw. die Qualität, Arbeitszufriedenheit und Produktivität. Nach Ekvall werden zehn wirkende Determinanten voneinander unterschieden, die eine Art Kreislauf des Organisationsklimas als vermittelnde Variable darstellen:[39]

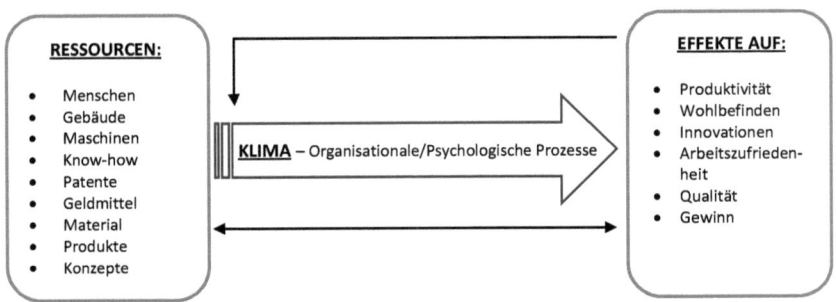

Abbildung 4: Organisationsklima als vermittelnde Variable nach Ekvall (1996)
(Quelle: Eigene Darstellung in Anlehnung an Rowold/Bormann (2015), S. 123)

---

[38] Vgl. *Fichter* (2018), S. 168.
[39] Vgl. *Rowold/Bormann* (2015), S. 122.

1. **Herausforderungen:** Wird Sinnhaftigkeit und Freude in der ausgeführten Tätigkeit empfunden erzielen Herausforderungen einen positiven Effekt auf die Mitarbeiter. Umgekehrt entstehen Entfremdungsgefühle oder Gleichgültigkeit bei erlebter negativer Herausforderung.[40]

2. **Freiheit:** Probleme können offen angesprochen, Informationen ausgetauscht sowie Entscheidungen getroffen werden, indem Mitarbeitern Freiheiten geboten werden in Kontakt zu treten.

3. **Unterstützung von Ideen:** Neue Ideen schaffen eine konstruktive Atmosphäre und fördern Initiativen und Aufgeschlossenheit der Organisationsmitglieder.

4. **Vertrauen:** Bei bestehendem Vertrauen werden Ideen und Meinungen offen kommuniziert. Bei Misstrauen entwickelt sich allerdings Angst vor Ausnutzung.

5. **Dynamik:** In geschäftigen Zeiten sind Veränderungsprozesse keine Seltenheit, da das betriebliche Geschehen in ständiger Bewegung und Entwicklung ist.

6. **Verspieltheit:** Durch positive Emotionen die Spaß, Freude und Wohlbefinden hervorrufen wird eine entspannte Atmosphäre erzeugt, die die Mitarbeiter zusätzlich motiviert und ihre Leistungsbereitschaft erhöht.

7. **Diskussionen:** Um Kreativitätspotential auszuschöpfen ist das Auftreten von Meinungsverschiedenheiten zu Ansichten, Ideen und Erfahrungen notwendig.

8. **Konflikte:** Konfliktkonsequenzen sind zumeist negativ und können sich stark auf die Kollegialität und wiederrum auf das Klima auswirken.

---

[40] Vgl. *Rowold/Bormann* (2015), S. 123.

9. **Risikobereitschaft:** Beim Umgang mit Unsicherheiten werden bei hoher Risikobereitschaft Entscheidungen und Handlungen schneller getroffen, wohingegen eine Vermeidung von Risiko auch eine lahme Mentalität mit sich zieht.

10. **Zeitliche Ressourcen:** Eine Generierung und Diskussion von neuen Ideen sind nur gewährleistet, wenn ein Mitarbeiter auch zeitliche Kapazitäten hat.[41]

Betrachtet man unter diesen Gesichtspunkten nun die **Organisationsdiagnose bzw. Messverfahren** umfasst das Organisationsklima soziale Aspekte sowie persönliche arbeitsbezogene Erlebens- und Verhaltensmerkmale, die von den Organisationsmitgliedern wahrgenommen werden. Die Erfassung der Daten per Fragebogen zeigt sich hier als am geeignetsten, da die Eindrücke bewusst aufgenommen werden und leicht aus dem Bewusstsein abrufbar sind. Im deutschen Sprachraum ist dabei der bekannteste Fragebogen von Rosenstiel im Jahr 1992 entwickelt worden. Der Aufbau des Fragebogens ist dabei recht simpel gestaltet. Aus einer Vielzahl von Aussagen können Kollegen und Vorgesetzte innerhalb einer fünf Werteskala etwas befürworten oder ablehnen („1 = stimmt" bis „5 = stimmt nicht"). Zur Bestimmung des Organisationsklimas wird dann aus allen Antworten ein Mittelwert errechnet, der Aufschluss über den Stand des Unternehmens im Vergleich zu anderen gibt und gewisse Charakteristiken erkennen lässt. Zum Zweck der Interpretation haben Rosenstiel und Bögel (1992) bereits Ergebnisse von 60 deutschen Unternehmen gesammelt und ermöglichen in Form einer Prozentrangsakala die eigenen Klimawerte mit denen anderer im Verhältnis zu messen.[42]

Nach Auffassung von Ostroff (1993) sollte dabei besonders auf eine Vielzahl von Fragen aus der affektiven, kognitiven und instrumentellen Facette (Klimadimensionen) geachtet werden. Dabei werden unter der affektiven Facette die sozialen Dimensionen von Beziehungen, Involvement der Mitarbeiter und soziale Belohnung verstanden. Die kognitive Facette betrachtet das Individuum

---

[41] Vgl. *Rowold/Bormann* (2015), S. 124.
[42] Vgl. *Nerdinger et al.* (2019), S. 166.

und dessen Entwicklung (Autonomie) und die instrumentelle Facette die Mitwirkung in Arbeitsprozesse und die dazu gehörigen Aufgaben sowie Hierarchie.[43] Zusammenfassend lässt sich sagen, dass der Zusammenhang vom Organisationsklima und dem daraus resultierenden Ergebnis wichtig für jedes Unternehmen ist. Zufriedene Mitarbeiter, die allgemein über das Maß hinaus arbeiten und sich wohl im Unternehmen fühle, lassen sich auf ein gutes Organisationsklima zurückführen. Auch ist die Fluktuationsrate aufgrund dessen wesentlich geringer, was anhand verschiedener Metaanalysen überprüfbar ist.[44] Das Zusammenspiel der drei Facetten wirkt also auf die Arbeitszufriedenheit, das organisationale Commitment (Identifikation einer Person mit der Organisation), das mentale Wohlbefinden als auch auf die Arbeitsleistung. Die Pflege der affektiven Facette, welche die stärkste Wirkung auf das Organisationsklima bildet, steht somit im Fokus und bildet die Basis wirtschaftspsychologischer Studien, die sich fortlaufend der Erforschung der Arbeitszufriedenheitsentstehung widmen.[45]

---

[43] Vgl. *Nerdinger et al.* (2019), S. 167.
[44] Vgl. *Nerdinger et al.* (2019), S. 168.
[45] Vgl. *Fichter* (2018), S. 169.

Literraturverzeichnis

Armitage, C. J./Conner, M. (2000), Social cognition models and health behaviour: A structured review, Psychology & Health, 15. Jg., Nr. 2, S. 173–189.

Bareiß, A.; Meister, A.; Prof. Dr. Merk, J. (2013), Studienbrief Gesundheits- und Arbeitspsychologie (1.Aufl.). Riedlingen: SRH Fernhochschule

Bundeszentrale für gesundheitliche Aufklärung (2016), Erklärungs- und Veränderungsmodelle II: Stufen und Phasen von Planungs- und Veränderungsprozessen, in: https://www.leitbegriffe.bzga.de/alphabetisches-verzeichnis/erklaerungs-und-veraenderungsmodelle-ii-stufen-und-phasen-von-planungs-und-veraenderungsprozessen/, abgerufen am 29.05.20 um 11:41 Uhr

Das Erste (2017), Die Geschichte des Fahrrads, in: https://www.daserste.de/information/wissen-kultur/w-wie-wissen/fahrradgeschichte-100.html, abgerufen am 12. 06. 2020.

Felser, G. (2015), Werbe- und Konsumentenpsychologie, 4. Aufl., Berlin, Heidelberg, S. 420-429.

Fichter, C. (Hrsg.) (2018), Wirtschaftspsychologie für Bachelor, Berlin, Heidelberg, S. 163-169.

Foscht, T./Swoboda, B./Schramm-Klein, H. (2015), Käuferverhalten. Grundlagen - Perspektiven - Anwendungen, 5. Aufl., Wiesbaden, S. 71-72.

Fuchs, C. (2005), Selbstwirksam Lernen im schulischen Kontext. Pößneck: GGP media on demand, S. 28-29.

Haddock, G./Maio, G. R. (2014), Einstellungen. In: Jonas, K./ Stroebe, W./ Hewstone, M. (Hrsg.), Sozialpsychologie (S. 198 -228). Berlin, Heidelberg: Springer.

Harrison, J. A./Mullen, P. D./Green, L. W. (1992), A meta-analysis of studies of the Health Belief Model with adults, Health education research, 7. Jg., Nr. 1, S. 107–116.

Heckhausen, H. (1989), Motivation und Handeln. Berlin, Heidelberg: Springer.

Jonas, K./Stroebe, W./Hewstone, M. (Hrsg.) (2014), Sozialpsychologie, 6. Aufl., Berlin, S. 199-217.

Maio, G. R., & Haddock, G. (2010). The psychology of attitudes and attitude change. London: Sage, p. 4.

Merk, J./Meister, A./Thunsdorff, C. (2015), Studienbrief Markt- und Werbepsychologie, 2. Aufl., Riedlingen: SRH Fernhochschule.

Naderer, B./Matthes, J. (2015), Verfahren zur Messung der Werbewirkung und Werbeeffizienz. In: Esch, F.-R./Langner, T./Bruhn, M. (Hrsg.), Handbuch Controlling der Kommunikation: Grundlagen - Innovative Ansätze - Praktische Umsetzungen, Wiesbaden, S. 363–383.

Nerdinger, F. W./Blickle, G./Schaper, N. (2019), Arbeits- und Organisationspsychologie, Berlin, Heidelberg, S. 164-168.

Prochaska, J. O./Di Clemente, C. C. (1983), Stages and processes of self-change of smoking: toward an integrative model of change, Journal of consulting and clinical psychology, 51. Jg., Nr. 3, S. 390–395.

Rehn, J. (2019), Gesunde Gestaltung, Priming- und Placebo-Effekte als gesundheitsverhaltenswirksame empiriegestützte Gestaltungsmethodik. Wiesbaden: Springer. S. 45 – 95.

Rowold, J.; Bormann, K. C. (2015): Innovationsförderndes Human Resource Management. Berlin, Heidelberg: Springer, S. 122-124.

Schüler, J.; Wegner, M.; Plessner, H. (2020), Sportpsychologie (1. Aufl.). Berlin, Heidelberg: Springer. S. 535 – 538.

Statista (2019), E-Bike oder herkömmliches Fahrrad - Präferenz in Deutschland in: https://de.statista.com/statistik/daten/studie/536596/umfrage/praeferenz-e-bike-oder-herkoemmliches-fahrrad-in-deutschland/, abgerufen am 29.05.20 um 13:24